6/12

LA VIDA EN
LOS OCÉANOS

Escrito por **Lucy Baker**

Consultor Roger Hammon
Director de Living Earth

CHANHASSEN, MINNESOTA · LONDON

© 2000 Two-Can Publishing

Publicado en Estados Unidos y Canadá
Two-Can Publishing
una division de Creative Publishing International, Inc.
18705 Lake Drive East
Chanhassen, MN 55317
1-800-328-3895
www.two-canpublishing.com

Edición en español por Susana Pasternac

ISBN 1-58728-978-4 (HC)
ISBN 1-58728-971-7 (SC)

5 6 7 8 9 10 08 07 06 05 04 03

Impreso en Hong Kong

Creditos para la fotografía:
p.4 Greenpeace/Morgan p.5 Ardea/François Gohier p.7 Ardea/Ron & Valerie Taylor p-8-9 ZEFA/Dr. D. James
p.10 Planet Earth/Robert Arnold p.11 (arriba) Oxford Scientific Films/Peter Parks (abajo) p.12 (arriba) Ardea/J-M
Labat (abajo) Oxford Scientific Films/G.I. Bernard p.13 (arriba izq.) Planet Earth/Peter David (arriba der.) Planet
Earth/Gillian Lythgoe (abajo) Planet Earth/Peter Scoones p.14 Ardea/Ron & Valerie Taylor p.15 Planet
Earth/Peter David p.16 Ardea/Clem Haagner p.17 (arriba) Planet Earth: Ardea/Jim Brandengurg (abajo) Ardea/
François Gohier p.18-19 B. & C. Alexander p.20 Ardea/Richard Vaughan p.21 ZEFA p.22-23 Ardea/François
Gohier Portada: Ardea/François Gohier. Contraportada: Tony Stone Worldwide/Mike Smith

Ilustraciones de Francis Mosley.

Trabajo artístico de Claire Legemah.

CONTENIDO

Las palabras en negrita se encuentran en el glosario

EN LOS OCÉANOS

Más de dos tercios de la superficie terrestre está cubierta por vastos océanos. La vida comenzó en este medio ambiente, el más anciano y el más grande, hace más de 3.500 millones de años. Sin los fértiles océanos, la Tierra estaría seca, árida y sin vida.

Por debajo de los océanos del mundo yacen escarpadas montañas, volcanes activos, vastas llanuras y fosas sin fondo. Las fosas oceánicas más profundas podrían tragarse las montañas más altas de la Tierra.

Vistos desde arriba, los océanos parecen vacíos e inmóviles pero por debajo de su superficie se oculta un mundo único donde el aire es remplazado por el agua. Allí, en sus aguas, vive una fantástica selección de plantas y animales, desde el microscópico **plancton** a la gigantesca ballena azul.

¿SABÍAS QUE...?

● La sal no es la única sustancia que puedes encontrar en el agua de mar. Hay también ínfimas partículas de oro, uranio y otros **minerales** valiosos.

● El sonido viaja por el agua cinco veces más rápido que por el aire. Algunos animales marinos, como los delfines, se orientan por los océanos gracias a los sonidos que rebotan a su alrededor y al **eco** que producen.

● Los océanos dominan el mapa mundial, sin embargo apenas hemos comenzado a explorar sus profundidades ocultas. Las regiones más profundas de los océanos fueron visitadas recién en 1960.

▶ En el océano no existen las fronteras y los animales pueden desplazarse libremente por el agua. La mayoría de los animales respiran bajo el agua, pero algunos, como los delfines y las ballenas, necesitan subir a la superficie para respirar el aire después de unos cuantos minutos.

◀ En los trópicos, los océanos son cálidos y claros. En cambio, alrededor de los Polos Norte y Sur hace mucho frío y parte de los océanos están congelados todo el año. Enormes pedazos de hielo, llamados témpanos, flotan en los mares.

LA DIVISIÓN DE LOS MARES

En realidad sólo hay un océano. Un océano que se extiende alrededor del globo terrestre desde el Polo Norte al Polo Sur. Sin embargo, dado que los **continentes** dividen de manera aproximativa las aguas, se reconocen cuatro océanos distintos: el Pacífico, el Atlántico, el Índico y el Ártico. Dentro de esos océanos hay otros cuerpos de agua más pequeños llamados mares, **bahías** y **golfos**, separados de los océanos abiertos por formaciones terrestres.

El Pacífico es el más grande y el más profundo de los cuatro grandes océanos y cubre más superficie que todos los continentes juntos. Pero contrariamente a su nombre, el Pacífico puede ser muy violento. En él se han registrados olas que llegaban a más de 35 metros (112 pies) de alto.

El Atlántico es el segundo océano en dimensión y el más transitado. Los barcos cruzan regularmente las aguas atlánticas llevando cargas entre América, África y los países de Europa.

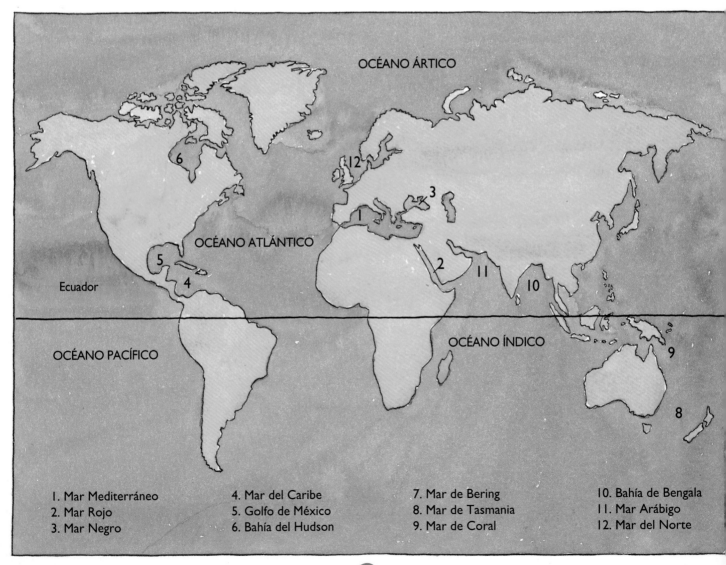

OCÉANO ÁRTICO

OCÉANO ATLÁNTICO

Ecuador

OCÉANO PACÍFICO

OCÉANO ÍNDICO

1. Mar Mediterráneo
2. Mar Rojo
3. Mar Negro
4. Mar del Caribe
5. Golfo de México
6. Bahía del Hudson
7. Mar de Bering
8. Mar de Tasmania
9. Mar de Coral
10. Bahía de Bengala
11. Mar Arábigo
12. Mar del Norte

¿SABÍAS QUE...?

● Una gota de agua marina necesita 5.000 años para viajar por todos los océanos del mundo.

● El océano Atlántico está creciendo y el Pacífico se va achicando. Los continentes del mundo se mueven de cinco centímetros por año. Esto quiere decir que el tamaño relativo de los océanos varía continuamente.

● Los buzos griegos lograron descender entre 22 y 30 m (75 a 1000 pies) de profundidad en busca de esponjas, coral y otros tesoros. Cuando se le acababa el aire, el buzo metía su cabeza en una campana de inmersión especial, cargada de aire de la superficie.

● En muchos lugares se cuenta la leyenda de un continente perdido, llamado Atlántida. Se supone que esas tierras yacen en el océano Atlántico y que fueron tragadas por el mar como consecuencia de terremotos e inundaciones.

▲ En los cálidos mares tropicales donde el agua es clara y poco profunda, hay enormes estructuras conocidas con el nombre de **arrecifes coralinos**. Son el resultado del trabajo de minúsculos animalitos llamados pólipos. Los arrecifes coralinos son el equivalente **marino** de las selvas tropicales y contienen una variedad de vida mucho más grande que en otras partes de los océanos.

EL MOVIMIENTO DE LAS OLAS

Los océanos siempre están en movimiento. Viajan siguiendo pautas circulares bien definidas llamadas corrientes marinas. Las corrientes corren como ríos llevando las aguas cálidas de los trópicos y las frías de los Polos. Cuando dos corrientes se juntan, las aguas frías se hunden empujando hacia arriba las aguas cálidas.

Además de las corrientes marinas, está también el movimiento regular de las mareas. Dos veces al día, los océanos suben y bajan a lo largo de las costas del mundo. Los científicos no saben todavía muy bien cómo funcionan las mareas, pero sí saben que están relacionadas con la atracción de la Luna y del Sol.

El movimiento continuo de los océanos es importante para la vida marina. Las mareas y las corrientes transportan alimentos de un lugar a otro del océano. Al agitar las aguas producen pequeñas burbujas de oxígeno necesarias para la respiración de los animales marinos.

En el hemisferio Norte, las corrientes marinas viajan en el sentido de las agujas del reloj. En el hemisferio Sur viajan en el sentido contrario. El viento es la fuerza motriz de las corrientes marinas.

LA FUERZA DEL OCÉANO

Cuando las corrientes se ven forzadas a pasar por canales estrechos producen enormes remolinos o vorágines. Esas aguas turbulentas pueden llegar a destruir las naves más pequeñas.

Los terremotos y las erupciones volcánicas bajo la superficie del océano provocan enormes olas que se levantan por el agua violentamente y van a estrellarse contra las orillas. Esas olas gigantescas se llaman a menudo marejadas, pero su nombre apropiado es tsunami.

EL ALIMENTO DE LA VIDA

De la misma manera que en la tierra, las plantas proveen la alimentación de base para la vida en los océanos. Las plantas que crecen bajo el agua se llaman algas, y de ellas hay dos grandes grupos en los océanos.

Las algas marinas más conocidas son las que se encuentran en las costas, y de ellas se nutren las lapas, los bigarros y otras criaturas del litoral.

Como en el océano abierto no hay algas, los otros animales se alimentan del fitoplancton, la más importante de todas las plantas marinas. Estas minúsculas plantas flotantes crecen sólo donde penetra la luz del sol. Enormes colonias de fitoplancton derivan en las capas más superficiales del océano, pero son tan pequeños que es difícil percibirlos a simple vista.

A su lado flotan y se alimentan pequeños animales llamados zooplancton. Esta rica mezcla de vida animal y vegetal, llamada plancton, es la base misma de toda la vida marina.

DATOS SOBRE EL PLANCTON

● Los marinos que cruzan los océanos de noche ven a menudo una suave luz en la superficie del agua. Esto se debe a que al agitarse, el plancton produce chispazos de color verde-azul

● Es muy posible que las primeras formas de vida se parecieran al fitoplancton de hoy.

● Los animales más grandes del mundo se alimentan de plancton. Las ballenas azules, que pueden pesar más de 90 toneladas métricas y tener más de 30 metros (100 pies) de largo, tragan grandes cantidades de krill, un minúsculo plancton animal, tamizándolo con la cortina de las barbas de ballena que tienen dentro de la boca.

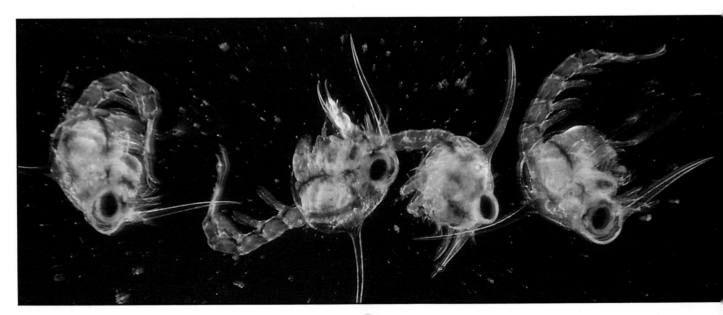

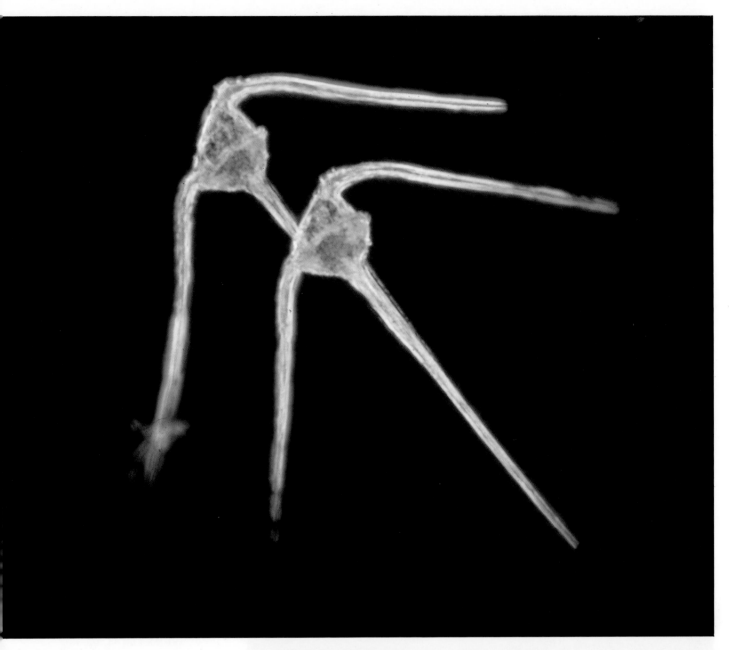

▲ ▶ Muchas de las pequeñas
plantas flotantes que forman el
fitoplancton adoptan al unirse
formas que asemejan cadenas y
brazaletes. Otras flotan solas y
parecen pequeñas cajas de
píldoras, conchas marinas, lápices,
punzones o cintas.

◀ Algunos miembros del
zooplancton son formas simples
de vida, compuestas de una sola
célula, pero muchas otras son
simplemente pequeñas larvas de
peces, cangrejos, estrellas de mar
y otros animales marinos.

FORMAS Y TAMAÑOS

En los océanos hay una asombrosa variedad de animales que difieren enormemente en tamaño, forma y colores. Hasta cierto punto, la apariencia de cada animal marino depende de su estilo de vida y del lugar en que vive. Las anémonas marinas y las esponjas, por ejemplo, siempre están pegadas al fondo marino y parecen más bien plantas que animales.

Los peces son las criaturas marinas más conocidas, pero su forma puede ser a menudo engañosa. Algunas especies, como las anguilas y las agujas de mar o el espetón más parecen lombrices que peces. Otras, como el delicado caballito de mar, se asemejan a un animal totalmente diferente.

▲ Muchos animales marinos son transparentes o de un color azul plateado, mientras que otros presentan extraños diseños brillantes. Los más coloridos viven en las claras aguas tropicales. Su asombrosa apariencia les ayuda a establecer un territorio e intimidar a sus posibles atacantes.

◀ El pulpo es uno de los animales marinos más curiosos. Tiene ocho brazos y un cuerpo redondo y pequeño. La mayoría vive en el fondo del océano en donde se esconde entre las rocas y atrapa a los animales que pasan, succionándolos con sus largos tentáculos. Para nadar, los pulpos arrojan chorros de agua de un sifón especial en su cuerpo.

▲ Las zonas más profundas del océano son frías, oscuras y muy quietas. Muchos animales que viven allí tienen luces en el cuerpo para atraer a su presa. El pejesapo abisal, arriba, es muy extraño. Si el macho de la especie encuentra su pareja, se le pega a su cuerpo. Después de un cierto tiempo su cuerpo se achica hasta transformarse en una bolsa de esperma usada por la hembra para fertilizar sus huevos.

▲ En las aguas superficiales o en las fosas más profundas, las esponjan se incrustan en las rocas, en los corales y en la vegetación del fondo marino. Existen más de 3.500 esponjas marinas. Algunas forman sábanas pulposas, otras parecen chimeneas verticales. Las esponjas aspiran materias muertas y descompuestas del agua que las rodea

▶ La raya vaca manchada es un pariente cercano del tiburón. Flota en el fondo arenoso del mar y se nutre de lombrices y otros animales marinos.

EL CAZADOR Y LA PRESA

Muchos de los animales marinos pasan toda su vida cerniendo las aguas en busca de plancton, pero a su turno son cazados por otros animales. Se estima que por cada diez comedores de plancton, un cazador ronda en la cercanía.

Uno de los cazadores marinos más notorios es el tiburón. Los tiburones tienen la reputación de comer hombres pero de las 200 variedades sólo 25 son realmente peligrosos para la gente. Los tiburones son perfectas máquinas de matar. Sus cuerpos son alargados para moverse rápido y en sus bocas se alinean dientes afilados como navajas.

No todos los cazadores marinos son tan intimidantes como los tiburones. La bonita anémona de mar parece inofensiva, pero atrapa animales en sus tentáculos emplumados inyectando veneno en el cuerpo de sus víctimas.

DATOS SOBRE LAS DEFENSAS

Los pulpos y las sepias lanzan una tinta a la cara de su atacante. Esto les da tiempo de huir.

El pez volador salta por encima del agua para escapar a sus enemigos.

Otros animales marinos, como las almejas y las ostras, viven en conchas. Las conchas les ofrecen casa y armadura para proteger su blando cuerpo.

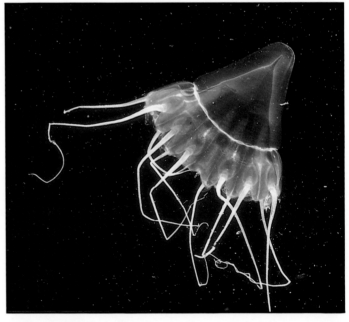

▲ La medusa, como la anémona, atrapa a los animales con sus largos tentáculos y luego los envenena. Algunos de los más poderosos venenos del mundo los producen las medusas.

◄ Los tiburones nadan por el agua persiguiendo peces, focas, tortugas, pequeñas ballenas, otros tiburones y a veces hasta aves marinas. Incluso cuando no están buscando su próxima comida, los tiburones deben mantenerse en movimiento o se hundirían.

¡AL AGUA!

Con el largo pasar del tiempo, una pequeña procesión de animales terrestres ha vuelto a los océanos en busca de su sustento. Reptiles, mamíferos y hasta pájaros han afrontado las profundas aguas saladas para aprovechar de la inmensa riqueza marina.

Las ballenas, las focas, las tortugas y los pingüinos son algunos de los animales que abandonaron la tierra seca para colonizar los océanos. Esas criaturas no pueden respirar bajo el agua como verdaderos animales marinos y por eso regularmente suben a la superficie en busca de aire.

Las ballenas son las más exitosas colonizadoras del océano. Muy a menudo la gente las confunde con peces. Las ballenas pasan toda la vida en el agua pero la mayoría de los animales que regresaron al mar deben volver a tierra para **reproducirse**.

▼ Numerosos son las aves que reciben el nombre de aves marinas porque viven en las costas o sobre islas remotas y dependen del océano para su alimentación. Sin embargo, una en particular ha dominado la vida de los océanos. El pingüino pasa la mayor parte del tiempo nadando en las frías aguas, cazando peces y otros animales marinos.

Otros animales están volviendo
a los océanos. El oso polar es
considerado como un mamífero
marino porque pasa la mayor
parte del tiempo en el helado
océano Ártico cazando focas. Son
grandes nadadores y sus anchas
patas cubiertas de piel son
palmeadas para poder moverse en
el agua.

Los reptiles marinos como las
tortugas marinas han elegido las
zonas cálidas de los océanos del
mundo. Pero, abandonan el agua
para poner sus huevos en las
playas arenosas.

LOS RECURSOS DEL OCÉANO

La seres humanos no pueden vivir en los océanos, pero siempre han aprovechado de sus riquezas. A medida que la población humana ha ido aumentando, la gente se ha tornado cada vez más hacia los océanos por sus alimentos y materias primas. Hoy en día, se pesca más de 70 mil millones de kilogramos (70 millones de toneladas) de pescado por año y de los fondos marinos se extrae un quinto del gas y del petróleo mundial.

Los métodos de pesca moderna son a menudo tan intensivos que han terminado por diezmar los bancos de peces y perturbar el equilibrio de la vida oceánica. Muchos de los mares, ayer fértiles, no son ya capaces de abastecer las numerosas flotas pesqueras porque cada vez hay menos qué pescar.

Las redes que muchos pescadores usan hoy son también fuente de problemas. Están hechas de nylon y no se descomponen en el agua. Cuando se caen de los barcos, esas redes se transforman en trampas para las focas, los delfines y otras criaturas marinas que no logran detectarlas.

os peces no son los únicos animales que la gente saca de los océanos. Los cangrejos y as langostas son otros dos de los muchos productos marinos. Las esponjas son cortadas del fondo del mar y van a parar a os cuartos de baño del mundo entero. La aza de ciertas focas y ballenas, por su carne, piel y aceites, ha causado en muchos casos su extinción.

La pesca es un gran negocio. Todos los días, miles de barcos lanzan sus redes al océano para atrapar escados y otros animales marinos. Este barco esquero del Mar del Norte es pequeño comparado on las grandes naves pesqueras. Las más grandes pueden llegar a tener 90 metros (295 pies) de largo.

PRODUCTOS DEL OCÉANO

● Los aceites de pescado se usan para hacer pegamento, jabón y margarina.

● La **perla** es una rara gema que se forma dentro de las conchas de ciertas ostras.

● Grandes nódulos de hierro, cobre y manganeso se extraen del lecho marino por medio de bombas succionadoras o son rastrilladas dentro de redes por máquinas dragadoras.

● En tierras secas tratan muy a menudo el agua de mar para producir agua potable.

● Las algas marinas se comen como cualquier vegetal y se usan para hacer helados de crema, dentífrico, pinturas, medicinas y otros productos de la vida cotidiana.

LOS OCÉANOS ESTÁN ENFERMOS

A pesar de que dependemos de los océanos para nuestra alimentación, los tratamos como si fueran cloacas y depósitos de basura. Todos los días arrojamos desechos a sus aguas y cuando no lo hacemos directamente, los ríos y los arroyos se ocupan de llevar hacia ellos los **pesticidas** y otros **contaminantes**.

La contaminación de los océanos del mundo es desastrosa. Cada año numerosos animales marinos son heridos, estrangulados, sofocados por los desechos flotantes, llamados pecios. En algunos mares pequeños, el alto nivel de desechos **tóxicos** está envenenando a ciertos animales y expulsando a otros.

Los mares **mediterráneos**, como el que lleva ese nombre, se cuentan entre los más contaminados, y en todas partes las costas son las más afectadas por los desechos.

▶ Los puertos más activos pueden transformarse en desiertos virtuales. El petróleo, las aguas negras y la basura arrojadas en sus aguas los hacen incapaces de sostener cualquier tipo de vida.

▲ Las derrames de petróleo amenazan la vida marina. Este pájaro morirá probablemente muy pronto si no se le limpia sus plumas.

PROBLEMAS DE LA CONTAMINACIÓN

● Peligrosos barriles sellados de desechos químicos y radioactivos han sido arrojados en los océanos, y nadie sabe si podrán continuar herméticamente cerrados en ese medio acuático.

● En algunos lugares del mundo no se pueden comer los mariscos y pescados locales.

SALVEMOS LOS OCÉANOS

Los países del mundo entero están comenzando a darse cuenta de la importancia de los océanos y han dictado leyes internacionales para restringir la cantidad de desechos que se puede tirar al agua y para proteger a algunos mamíferos marinos. Los países con las costas más sucias han iniciado importantes programas de limpieza.

Todavía queda mucho por hacer. Debemos comprender mejor las formas de vida marina para evitar el exceso de pesca y preservar las futuras provisiones de pescado. En los últimos años, los derrames de petróleo debidos a los accidentes de los petroleros han causado grandes estragos en algunos océanos. El petróleo bloquea la luz que entra en las profundidades, destruyendo la reproducción del plancton y con ello la vida marina. La presión pública ha logrado obtener que las compañías petroleras usen barcos más seguros para evitar los derrames en caso de accidente. Se ha descubierto que algunas actividades

que se creían inofensivas tienen un efecto destructor en la vida marina. Los cables eléctricos que cruzan el fondo marino turban la vida de las criaturas submarinas y confunden a los peces. Se sabe de tiburones que han mordido los cables creyendo que eran sus presas. El ruido de los barcos, de las estaciones balnearias y de las industrias que viven del océano ahuyentan a las focas y a los delfines y a otros animales de sus territorios de reproducción tradicionales.

Las ballenas se han transformado en el símbolo internacional por la conservación de los océanos. Esas extraordinarias criaturas vivieron en los océanos mucho antes que los hombres existieran en la tierra. Son los gigantes de la naturaleza. Las ballenas han sido perseguidas por sus aceites y su carne desde hace tanto tiempo que ahora ya son cada vez más difíciles de encontrar.

La mayoría de la gente está de acuerdo que hay que detener la matanza de las ballenas y han creado leyes para protegerlas. Sólo algunos países continúan la pesca de la ballena y siguen considerando su carne como un manjar rebuscado.

DAKUWACA LUCHA POR SU VIDA

Durante miles de años la gente ha contado historias del mundo que los rodea. A menudo esas historias tratan de explicar algo que la gente no comprende, como por ejemplo el origen del mundo o de donde viene la luz. Esta historia, es contada por los habitantes de Fiji, que dependen del océano que los rodea para su alimentación y transporte.

Hace mucho, mucho tiempo, los tiburones gobernaban las islas de Fiji en el océano Pacífico. Cada isla contaba con su propio tiburón que vivía cerca de los arrecifes que protegían su entrada. Esos tiburones patrullaban las aguas de su territorio, desafiando al que osara acercarse. Sólo permitían el paso a los amigos y luchaban contra los tiburones hostiles hasta que pagaran su tributo.

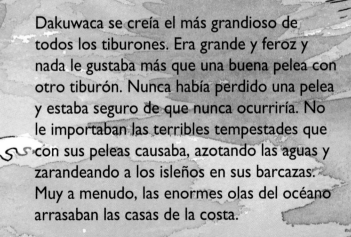

Dakuwaca se creía el más grandioso de todos los tiburones. Era grande y feroz y nada le gustaba más que una buena pelea con otro tiburón. Nunca había perdido una pelea y estaba seguro de que nunca ocurriría. No le importaban las terribles tempestades que con sus peleas causaba, azotando las aguas y zarandeando a los isleños en sus barcazas. Muy a menudo, las enormes olas del océano arrasaban las casas de la costa.

Un día, Dakuwaca estaba patrullando su arrecife cuando se encontró con un tiburón llamado Masilaca. Entre los tiburones, Masilaca era conocido como un buscapleitos. No era de los que se peleaban mucho personalmente, pero con sus taimadas artimañas causaba más peleas que todos los otros tiburones juntos.

—¡Buenos días, Dakuwaca! —dijo—. Supongo que te preparas para otra pelea. Es sorprendente cómo siempre vences a los otros tiburones. Ojalá yo fuera tan buen luchador como tú.

—No hay otro tiburón tan buen luchador como yo —dijo Dakuwaka—. Ya no queda casi quién me pueda desafiar. Todos saben que soy el más fuerte. En realidad, se está poniendo un poco aburrido por aquí.

—Si quieres una buena pelea, deberías ir a la isla Kandavu. He escuchado decir que hay allí una criatura que vale la pena desafiar. Un enorme monstruo que defiende su arrecife de tal manera que es imposible acercarse. Pero, nadie va porque todos le tienen miedo a la criatura —dijo Masilaca con un solapado brillo en sus ojos—. Por supuesto, no estoy insinuando que tú tengas miedo, tú eres mucho más valiente y fuerte. Y podría jurar que ninguno de los otros tiburones lo piensa.

Dakuwaca sacudió violentamente su cola en el agua. Por supuesto que no tenía miedo, ¡qué idea! Pero si los otros tiburones pensaban que sí, tendría que actuar inmediatamente. Antes de que Masilaca terminara de hablar, Dakuwaca se dirigió a la isla de Kandavu, decidido a desafiar al terrible monstruo.

Al llegar a Kandavu, Dakuwaca escuchó una voz profunda y poderosa que llamaba desde la orilla. Dakuwaca nunca había escuchado algo parecido y no pudo evitar un estremecimiento. "¡Qué tonto!", se dijo, "nada en esa orilla puede hacerme daño". Y se acercó nadando.

—¡Alto! —le ordenó una voz—. Yo soy Tui Vesi, el guardián de Kandavu. Cómo osas acercarte a mi preciosa isla de manera tan temeraria.

Dakuwaca sintió miedo pero estaba decidido a no mostrarlo.

—Y yo soy Dakuwaca, el más grandioso de todos los tiburones. Sal y defiende tu isla.

—Soy un guardián de la tierra y no puedo entrar al agua para pelear contigo —dijo Tui Vesi—. Enviaré a uno de mis servidores a enfrentarse contigo. Pero, te prevengo, es un monstruo grande y terrible, y sería mejor que te fueras ahora mismo.

—Nadie es más bravo y fuerte que yo —dijo Dakuwaca—, no le tengo miedo a nada. Lucharé con tu sirviente.

Dakuwaka nadó hacia la boca del arrecife, esperando cauteloso la llegada de su oponente. Su cuerpo era fuerte y ágil y sus dientes bien afilados.

De pronto, un gigantesco brazo salió por entre los escollos y se apoderó de él. ¡Era un pulpo enorme! Dakuwaca no se lo esperaba. Se retorció tratando de zafarse del tentáculo. Sus afilados dientes le eran inútiles porque no podía mover el cuerpo para morder aquel brazo. El tentáculo aflojó por un momento y Dakuwaca pensó que estaba en libertad. Pero otros dos brazos lo envolvieron y ya no pudo moverse. Los tentáculos comenzaron a apretar cada vez más fuerte, hasta que Dakuwaca no pudo ya aguantar.

—¡Ten piedad de mí! —suplicó—. Perdona mi terrible insolencia, Tui Vesi.

Los brazos del pulpo se relajaron un poco y la poderosa voz de Tui Vesi tronó una vez más en las aguas.

—Te dejaré libre, Dakuwaca, con la condición de que protejas al pueblo de mi isla de los tiburones cuando salgan a pescar.

—¡Sí, sí!, lo haré, lo prometo —concedió Dakuwaca.

Una vez libre del pulpo, Dakuwaca se dejó caer exhausto al fondo del mar. Cuando recuperó sus fuerzas retornó a su territorio y mantuvo su promesa y protegió la isla de Kandavu de los otros tiburones. Nadie puso en duda su palabra cuando dijo que había hecho amistad con los poderosos protectores de Kandavu y que le temían tanto como antes. Todos le creyeron, salvo Masilaca, quien a veces dejaba caer la palabra "pulpo" en la conversación y huía velozmente ante la furia de Dakuwaca.

Y de esta manera, mientras otros pescadores de las islas de Fiji temen por su vida a causa de los tiburones, los hombres de Kandavu navegan felices en sus canoas.

¡VERDADERO O FALSO?

¿Cuáles de estos hechos son verdaderos y cuáles falsos?
Si has leído este libro con atención podrás contestar a las preguntas.

1. Casi un tercio de la superficie terrestre está cubierta por océanos.

2. Los delfines y los tiburones pueden quedarse en el agua durante varias horas.

3. El sonido viaja por el agua cinco veces más rápido que por el aire.

4. Los cuatro océanos del mundo son el Pacífico, el Atlántico, el Mediterráneo y el Egeo.

5. A una gota de agua marina le lleva 5.000 años viajar por los océanos del mundo.

6. Los Tsunamis son causados por los terremotos y las erupciones volcánicas submarinas.

7. El plancton es una rica mezcla formada por los desechos de las algas marinas.

8. Las ballenas azules son los animales más grandes del mundo.

9. Los pulpos tienen 12 brazos y se alimentan sobre todo de focas.

10. Los tiburones deben moverse continuamente para no hundirse.

11. El pez volador salta por encima del agua para escapar a sus enemigos.

12. Las patas de los osos polares son palmeadas.

13. Las algas marinas se usan para hacer helados de crema.

GLOSARIO

● **Arrecife coralino** es una formación de coloridos escollos, generalmente submarinos. Está formado de una película externa dura producida por una colonia de millones de minúsculos animales conocidos con el nombre de pólipos.

● **Bahía** es la parte de un océano u otro gran cuerpo de agua que forma una curva en la costa. Esta bordeado por promontorios o cabos.

● **Contaminantes** son los productos sucios y venenosos como el humo de los autos que dañan el medio ambiente.

● **Continente** es un gran pedazo de tierra, o tierra firme. Es más grande que una simple

isla y generalmente está dividido en varios países (con excepción de Australia). Dos o más continentes pueden estar unidos por un estrecho cuello de tierra.

● **Corriente** o curso de agua es el movimiento de un cuerpo de agua en una dirección determinada. Las corrientes oceánicas pueden ser muy fuertes y extenderse sobre grandes distancias.

● **Eco** es la repetición de un ruido causado al rebotar una onda de sonidos sobre un objeto sólido. Los mamíferos marinos como el delfín usan el eco para localizar su alimento y evitar los obstáculos.

● **Extinción** es cuando el último miembro de una especie muere. Se debe al exceso de caza por parte de los hombres, a la llegada de un nuevo animal o planta o a cambios en el medio ambiente.

● **Fosas** es un agujero profundo. La fosa Mariana, cerca de Guam, es la más profunda que se conoce.

● **Golfo** es la parte del mar u océano que forma un recoveco dentro de la línea costera. Su boca es más estrecha que una bahía.

● **Marea** es el ascenso y descenso regular del mar, causado por la atracción de la Luna y el Sol.

● **Minerales** son compuestos químicos que se encuentran en las rocas. Algunos de ellos son útiles para los seres humanos y se extraen en las minas.

● **Perla** es una gema pequeña, generalmente redonda y de color blanco, crema o azulado. Se forma lentamente como una película protectora alrededor de un grano de arena u otro objeto que irrita la blanda carne dentro de la concha de una ostra.

● **Marino** quiere decir relacionado con el mar. Los animales marinos son los que viven en el mar.

● **Medio Ambiente** es el conjunto de condiciones en una zona en donde vive un animal. La supervivencia de ese animal depende de la manera en que puede responder a esas condiciones.

● **Mediterráneo** quiere decir rodeado de tierra.

● **Pesticidas** son los productos químicos usados para matar los insectos dañinos que destruyen las cosechas. Pero los pesticidas pueden ser peligrosos para otras criaturas.

● **Plancton** es el rico caldo hecho por formas de vida microscópicas. Una gran variedad de animales marinos se alimenta de él.

● **Polos** son los que se encuentran exactamente en las puntas norte y sur de la Tierra. Allí, la noche dura seis meses.

● **Reproducción** es cuando las criaturas adultas producen individuos jóvenes y nuevos para continuar con su especie.

● **Tóxico** quiere decir venenoso y malo para la vida.

ÍNDICE